Jonathan Byron's

DIE WELT IN 60 MINUTEN

PETRA BALZER DE GARCÍA

JAKOBSWEG
in 60 Minuten

THIELE VERLAG

Inhalt

Intro

Was haben heiratswütige Brasilianerinnen mit dem Papst zu tun?

Bevor Sie über diese Frage verwundert den Kopf schütteln, seien Sie versichert, es handelt sich nicht um eine despektierliche Andeutung. Beide haben nur das getan, was bereits Millionen vor ihnen taten. Sie gingen den Jakobsweg. Erstere, so beschreibt es Hape Kerkeling in seinem Bestseller *Ich bin dann mal weg*, hoffen darauf, auf dem Weg einen Mann fürs Leben zu finden, letzterer hofft auf die Begegnung mit Gott.

Überhaupt haben die Bücher von Hape Kerkeling, Paulo Coelho oder Shirley McLaine den Hype um den Pilgerweg noch einmal verstärkt. Vor Jahren noch wurden Pilger teilweise als Spinner angesehen, die sich freiwillig Blasen an den Füßen holten und bereit waren, gemeinsam mit zwanzig anderen Pilgern in einem nicht geruchsfreien Saal zu nächtigen. Jetzt steht statt Fitneßwahn das Pilgern an. Es ist die Suche nach dem Sinn, der sich in der Einöde der Meseta finden soll. Es steht zu befürchten, daß 2010, im nächsten Heiligen Jahr, der beliebteste Jakobsweg, der *Camino Francés*, überrannt wird. Schon klagen die ersten oder besser die »alten« Pilger, daß der Jakobsweg nicht mehr das ist, was er einmal war, während sich das spanische Fremdenverkehrsamt geschäftstüchtig die Hände reibt.

Pilgern bedeutet, vom lateinischen »peregrinor« abgeleitet, so viel wie: in der Fremde das Heil suchen. Geht das noch, wenn so viele unterwegs sind? Stellen Sie sich vor, Sie gehen Tag für Tag ca. zwanzig bis dreißig Kilometer im Gleichschritt durch die Meseta. Da gibt es nichts, das ihren Blick einfängt, nur die Natur. Sie werden Menschen begegnen: Einheimischen, die trotz des Andrangs meist freundlich und hilfsbereit sind. Anderen Pilgern, die sich aufteilen in die nervigen, denen Sie immer wieder begegnen, weil sie ein ähnliches Tempo haben wie Sie selbst. Und jenen, die Sie bereichern, weil sie ein ähnliches Tempo haben wie Sie selbst, aber auch die gleiche Wellenlänge.

Nüchtern betrachtet wiederholt sich auf dem Jakobsweg jeden Tag der gleiche Vorgang. In der Früh gehen Sie nach Westen, die Sonne ist hinter Ihnen, vor Ihnen ist Ihr Schatten. Im Lauf des Tages wird der Schatten kürzer, und am Ende des Tages geht er ins Licht. Dabei kann es Ihnen passieren, daß die Sonnenstrahlen Sie zunächst verbrennen, danach die Meseta mit ihrer gleichförmigen und weiten Landschaft und heftigem Gegenwind Ihrem Willen enorm zusetzt, bis das Wetter in den galizischen Bergen umschlägt und Regen und Nebel Ihren Schatten verdecken.

Und doch könnten Sie dabei ein neues oder unbekanntes Bild von sich erhalten. Möglicherweise überholen Sie sogar Ihren Schatten oder gehen am Ende gar auf eine feinstoffliche Welt zu. Dieses banale Erleben macht vielleicht den Reiz des Jakobsweges aus: »Wenn ein Mensch sich von zu Hause auf eine Reise begibt und immer weitergeht, kommt er eines Tages an seine eigene Tür zurück« (John Manderville).

Willkommen auf dem Jakobsweg

All diese Mühen nehmen die Wallfahrer auf sich. Doch wer ist eigentlich verantwortlich für die Begeisterung der Jakobspilger? Und was hat es genau auf sich mit dem Pilgern und vor allem mit dem Jakobsweg? Immerhin sind es Millionen Pilger, die sich auf den Weg gemacht haben. Keiner der Bestseller verschweigt, wie entbehrungsreich der Weg ist. Schweiß, Gestank und Fußblasen sind nur ein Teil der Beschwernisse, die beschrieben werden. Und doch laufen sie, Jahr für Jahr – auf der Suche nach was? Was ist der Reiz? Hat dieser Weg etwas Besonderes? Was ist das überhaupt für ein Weg, der solch eine Anziehungskraft hat?

Und welche Gründe gibt es, sich dieser Strapaze auszusetzen? Ist es so, wie Hermann Hesse es beschreibt: »Nur wer bereit zu Aufbruch ist und Reise, mag lähmender Gewöhnung sich entraffen«? Nachstehend eine Auswahl an Beweggründen, die Sie gegebenenfalls für sich selbst prüfen sollten.

Tapetenwechsel: Sie haben einen legalen, öffentlich und gesellschaftlich anerkannten Grund, aus dem Alltag auszubrechen und die Eintönigkeit des Lebens zu durchbrechen. Sie können es natürlich auch Sabbatjahr oder Bildungsurlaub nennen.

Neugier auf das Fremde – Kontakt mit dem Unbekannten: Sie erleben fremde Länder, Landschaften und Städte. Die Reise führt Sie mit Menschen, fremden Kulturen und Religionen zusammen.

Sehnsucht nach Abenteuer und Improvisation: Sie erleben viel Unvorhergesehenes, und zum Teil sind es abenteuerliche Geschehnisse, die Sie verarbeiten müssen.

Sehnsucht nach Einfachheit und Ursprünglichkeit: Dies gilt in besonderem Maße in bezug auf Essen, Kleidung oder Wohnen: Sie könnten es auch eine Survivalreise nennen.

Zeit-Erfahrung: Sie erleben den Tag, die Woche ohne Blackberry, iPhone oder Zeitplaner.

Aufschwung auf dem Jakobsweg

Seit auch der Europarat 1987 den Weg zum ersten europäischen Kulturweg ernannt hat, hat die Pilgerschaft auf dem Jakobsweg einen großen Aufschwung erlebt. Deshalb lohnt sich ein Blick auf ein paar Fakten: 1993 wurde der Jakobsweg zum Weltkulturerbe erklärt. Die Umfrage einer seriösen deutschen Zeitschrift brachte 2008 heraus, daß sich vierzehn Prozent der Deutschen vorstellen könnten, eine Pilgerreise anzutreten, bei den bis Dreißigjährigen lag der Anteil sogar noch höher.

1140 wurde der erste Pilgerführer *Codex Calixtinus* verfaßt. Der Fußpilger erhält seine *Compostela*, wenn er nachweislich einhundert Kilometer gelaufen ist, der Radpilger und der Reiter jeweils zweihundert Kilometer getätigt haben. Ein Fußpilger geht mit einer Geschwindigkeit von vier bis sechs Kilometern pro Stunde und schafft zwischen zwanzig und fünfunddreißig Kilometer am Tag.

Der Jakobsweg mißt zwischen sechshundert und eintausend Kilometern, je nach Startpunkt.

Im Jahr 2004 waren über zwölf Millionen Menschen auf Wallfahrt und besuchten die Kathedrale von Santiago de Compostela. Seit 1970 zählt man die Pilger durch folgende Verfahren: die Zahl aller, die durch die Heilige Pforte gehen; die Zahl der ausgegebenen Heiligenbildchen, die jeder Pilger erhält, der auf dem Hochaltar eine Spende läßt; die Zahl der gespendeten Kommunionen während der Heiligen Messen und die Pilger, die zu Fuß, zu Pferd oder mit dem Fahrrad kommen.

Der 25. Juli ist der Gedenktag des heiligen Jakobus in der evangelischen und katholischen Kirche, und damit steht auch der Verursacher des Pilgerstroms fest: Jakobus der Ältere. Sein Grab in Santiago de Compostela ist das Ziel eines jeden Pilgers. Wer ist das überhaupt, dessen Grab die Massen anlockt?

Sankt Jakob und greif an, Spanien!

Heute wäre Jakobus der Ältere sicherlich mehrfach ausgezeichnet worden mit Innovations- und Wirtschaftspreisen, denn längst haben sich die wichtigsten Wege zu Wirtschaftsmotoren entwickelt. Kluges Marketing und clevere Infrastruktur mildern allerdings auch die Strapazen der heutigen Jakobspilger.

Nach heutigen Maßstäben war Jakobus eine Person mit Multitasking-Talenten, denn er ist nicht nur Schutzpatron von Spanien und der Pilger – das ist ja noch nachvollziehbar –, sondern u.a. auch von Äpfeln und Feldfrüchten und von Kriegern. Auch gegen Rheumatismus stand er, und auch das ist einigermaßen verständlich, wenn man sich überlegt, wie belastend eine Pilgerschaft von über sechshundert Kilometern bei vollem Gepäck ist.

Aber Schutzpatron des Krieges und der Pilger – bekommen Sie das in Einklang? Stellt man sich nicht eher eine integre und/oder weise Person vor, die es in gewisser Weise rechtfertigt, zu seinem Grab zu wallfahren? Und muß man nicht den Geist infrage stellen, aus dem heraus das alles entstanden ist, ein Geist, der nicht friedfertig war? In fast allen Kirchen wird der heilige Jakob als Maurentöter dargestellt. Und so jemand wird angebetet? Und die Pilger beugen das Knie vor einem Jakob, der angeblich aus dem Grab heraus mitgeholfen hat, sechzigtausend arabisch stämmige Menschen zu töten.

Wer war dieser Jakobus, der die Scharen anzieht? Zusammen mit seinem Bruder Johannes war er einer der zwölf Apostel Jesu Christi. Um diesen Mann ranken sich zahlreiche Legenden. So soll er der Apostel gewesen sein, der nach der Himmelfahrt Jesu auf der Iberischen Halbinsel predigte. Er soll Jünger mit der Prophezeiung geworben haben, daß er nach seinem Tod Unzählige bekehren werde. Während der Reise hatte er jedoch so wenig Erfolg, daß er – laut Überlieferung – eines Tages mutlos und verzweifelt im Gebiet des heutigen Saragossa am Ufer des Ebro gesessen habe. Das klingt eher nach Dilettantismus denn nach einer Führungspersönlichkeit.

Die Jakobus-Legenden

Aber ohnehin gibt es noch andere Legenden, die den Jakobuskult besser begründen. Jünger sollen seinen Leichnam auf einem Schiff ohne Besatzung gebracht haben, das später in Galizien im Nordwesten Spaniens landete. Dort wurde er im Landesinneren beigesetzt. Wie dieses Schiff die Atlantische See überstand und woher diese Helfer kamen, wissen wir nicht. Ebenso vergaß man das Grab Jakobus'. Nach der Wiederentdeckung im neunten Jahrhundert errichtete man zunächst eine Kapelle über dem Grab, später eine Kirche und schließlich die Kathedrale, um die herum sich der Pilgerort Santiago de Compostela entwickelte und zu der die Jakobswege führen.

Später erhielt er den Namen »Maurentöter« (*matamoros*). Weit gefehlt, daß er nur *Moros* tötete, er soll auch in Kämpfe verwickelt gewesen sein, in denen es gegen christliche Feinde ging. So schrieb man die Eroberung der Stadt Coimbra der Hilfe Jakobus' zu, des »Soldaten Christi«. Der Apostel, der König Alfons III. von Asturien kräftig unterstützt haben soll, wurde also vor allem wegen seiner angeblichen militärischen Funktionen und Leistungen verehrt. Später stellt man Jakobus als galoppierenden Reiter dar, der bei der Schlacht von Clavijo auf einem weißen Schimmel die Mauren in die Flucht geschlagen haben soll.

¡Santiago y cierra, España!

Sankt Jakob und greif an, Spanien! – das war der Schlachtruf der spanischen Heere. Im übrigen sagt man Jakobus auch nach, daß er sowohl bei der Eroberung Amerikas als auch bei den Kämpfen gegen die Türken die Hände im Spiel hatte – als Schlachtenhelfer. Angesichts all der Legenden taucht unwillkürlich der Gedanke auf, warum man wegen solch einem Mann eine entbehrungsreiche Wallfahrt auf sich nehmen sollte.

Doch das ist eben nur eine Seite der Medaille. Daneben entwickelten sich die spanischen Jakobus-Traditionen aus der Apostelgeschichte und der Geschichte über seine Missionstätigkeit auf der Iberischen Halbinsel. Sein Kampf wird als hilfreiches Eingreifen in ausweglos erscheinenden Situationen bei Kämpfen gegen die Araber betrachtet; er soll Wunder bewirkt haben, die er an Pilgern auf dem Weg und am heiligen

Ort ausübte. Die Wunder, die Jakobus getätigt hat, sind aus heutiger Sicht vielleicht eher mit den psychischen Erschütterungen, denen die Pilger auf dem Weg ausgesetzt waren, zu erklären. Stellen Sie sich nur einmal vor, Sie sind tagaus, tagein unterwegs, Sie trinken zu wenig oder zu viel, der Körper ist überanstrengt oder noch nicht – dann kann es zu wirren Träumen, bizarren Visionen oder furchtsamen Vorstellungen kommen, die später den Mirakeln zugrunde gelegt werden: Die Bitten einer Reisegruppe, die einen kranken Gefährten schnöde zurückließ, wurden nicht erhört; ein unschuldig Gehängter erfährt eine wundersame Rettung; einem Pilger, der im Bordell sündigte, rät der Teufel zu Kastration und Selbstmord. Das fromme und wohlfeile Verhalten während der Pilgerschaft wurde dagegen belohnt – so empfängt ein barmherziger Ritter das ewige Leben und ein geläuterter Pilger die Vergebung seiner sündigen Taten.

Der Jakobustag

Vielen Pilgern scheint das Eintreffen am 25. Juli in Santiago de Compostela speziell im Heiligen Jahr besonders reizvoll zu sein. Sie verbinden zwei wichtige Dinge miteinander: Zum einen treffen sie am Festtag des heiligen Jakobus ein, zum anderen feiern sie das Heilige Compostelanische Jahr. Das *Año Santo Compostelano* oder *Año Santo Jacobeo* wird gefeiert, wenn der Jakobustag auf einen Sonntag fällt. Das Heilige Jahr ist identisch mit dem entsprechenden Kalenderjahr. Es wird am 31. Dezember des Vorjahres durch die Öffnung der Heiligen Pforte im Petersdom zu Rom eingeläutet.

Die Zahl der Pilger steigt dann sprunghaft an. Ab Sarría (die Einhundert-Kilometergrenze) schallt einem der Pilgergruß »Ultreia« ständig entgegen, enthusiastisch gerufen, gebetet und gesungen. Dabei handelt es sich hierbei um den Kriegsruf »Eultreia«. Einen Sinn ergibt dieses rätselhafte Wort nur im Kontext der griechischen Sprache: »eulatreia« – die Vorsilbe »eu-« bedeutet »gut«; »latreia« (kommt auch im Neuen

Testament vor) bedeutet »Dienst« – also »Guter Dienst!«

Am Jakobustag ist die Stadt voll, die Pilger drängeln sich durch die Gassen Santiagos de Compostelas und ergießen sich aus der überfüllten Kathedrale auf die Plätze und Straßen der Stadt, wo feucht-fröhliche Geselligkeit herrscht – ein starker Gegensatz zur Ruhe der langen Wanderung zuvor.

Vielleicht taumeln sie aber deshalb vor Glück, weil sie den Ablaß erhalten haben. Römisch-katholische Christen haben ohnehin das Privileg, im Heiligen Jahr einen Plenarablass zeitlicher Sündenstrafen zu erwerben. Deshalb werden diese Jahre auch Gnadenjahre genannt. Nur Martin Luther sorgte zwischenzeitlich für eine kurze, vorübergehende »Baisse« des Pilgerstroms.

Heute noch müssen die Pilger nur drei Bedingungen erfüllen: Sie besuchen die Kathedrale von Santiago de Compostela aus Verehrung und in Bußgesinnung. Sie nehmen am Gottesdienst teil, sprechen das Vaterunser, das Credo und ein

Gebet in den beiden Intentionen des Papstes für den jeweiligen Monat. Zu guter Letzt empfangen sie die Sakramente der Buße und der Eucharistie. Dabei soll die Kommunion in der Kathedrale empfangen werden und die Beichte innerhalb von fünfzehn Tagen vor oder nach dem Besuch der Kathedrale erfolgen.

Die Art der Anreise hat für die Erlangung des Plenarablasses übrigens keine Bedeutung. Darüber mögen manche Pilger schimpfen, die erschöpft im Pilgerbüro ihre Compostela abholen möchten und dafür bestimmte Vorgaben erfüllen müssen. Sie erhalten die Urkunde nämlich nur, wenn sie zumindest die letzten einhundert Kilometer zu Fuß zurückgelegt haben; mit dem Fahrrad müssen es wenigstens die letzten zweihundert Kilometer sein.

Das Empfangen der Compostela gehört zu einem der letzten Rituale auf der Pilgerschaft. Durch das ansteigende Interesse am Pilgern und an der Pilgerurkunde häuften sich in den letzten Jahren allerdings Vorkommnisse, sich die Compostela zu »erschleichen«: Pilger, die sich mit

dem Auto bis kurz vor eine Herberge fahren lie-
ßen, sich dann den Straßenstaub ins Haar warfen
und in der Herberge ihren Paß abstempeln lassen
wollten. Diese Stempel sind der Nachweis für die
»Kilometerleistung« der Wallfahrer. Offensicht-
lich ist es ein Unterschied beim Staubverteilen,
ob man ihn in einem Akt aufwirbelt oder über
Stunden ansammelt. Zumindest erkannten die
Verantwortlichen die gehäuften Versuche des
Betrugs. Die betrügerischen Pilger wurden zwar
nicht mit Kastration bestraft, aber durch strenge-
re Vorgaben bezüglich des Pilgerpasses.

Und das ist auch gut so. Immerhin ist die *Compostela* der Beweis dafür, daß man es geschafft hat,
sich Strapazen unterzogen, Wind und Wetter
getrotzt, an manchen Stellen die Abgase überlebt
und die Stempel zahlreich gesammelt hat.

Und wieder stellt sich die Frage nach dem
Warum einer solch beschwerlichen Reise. Millionen haben es getan. Was bringt, abgesehen von
religiösen Motiven, auch heute Menschen dazu,
sich auf eine fast achthundert Kilometer lange,
unmotorisierte Reise zu begeben? Kann man das

Faszinosum Pilgerweg überhaupt in seiner Vielschichtigkeit begreifen?

Früher haben Pilger durch ihr teils monatelanges, mühevolles Unterwegssein dokumentiert, daß der Weg für sie ein lohnendes Ziel hatte, denn wer die Wallfahrt zum Grab des heiligen Jakobus heil hinter sich gebracht hatte, bekam seinen Ablaß, befreite sich von Lasten und Sünden und erhielt dafür Anerkennung – falls er zurückkam. Und auch heute noch ist einem die Anerkennung gewiß – oder erstauntes Kopfschütteln.

Die Pilgerorte platzten schon immer zu bestimmten Zeiten aus allen Nähten, auch wenn der einzelne Pilger auf sich selbst zurückgeworfen wird und die Wallfahrt für ihn eine Spiegelung der Einsamkeit ist. Was also treibt eigentlich den Jakobspilger dazu, seine gewohnte Umgebung zu verlassen und zum Wallfahrer zu werden? Seit jeher war es wohl eine Mischung aus Sehnsucht nach Vergebung, dem Wunsch nach Gesundung und das Erfahren von Grenzen, das Ausschütten von Adrenalin.

Die Pilger

Waren alle diese Pilger fromm? Bei weitem nicht. Auch im Mittelalter bezweifelten manche den geistigen Wert solch einer Wallfahrt und vermuteten statt dessen Leichtfertigkeit und Unstetigkeit. Es gibt Schätzungen, nach denen zeitweise sogar zwischen zwei- und fünfhunderttausend Menschen auf dem Jakobsweg unterwegs waren. Darunter waren Gebildete und Ungebildete, Reiche und Arme, Greise und Kinder. Frauen flüchteten auf dem Weg. Reiche wurden von ihrer kompletten Entourage begleitet, Kranke suchten Heilung, und begnadigte Verbrecher, Abenteurer und berufsmäßige Pilger komplettierten die Liste der eigentümlichen Wallfahrer. Die Beweggründe konnten unterschiedlicher nicht sein.

Die Geschichte
der Wallfahrer

Die Religion und die Kirche beeinflußten und prägten das Leben im Mittelalter in einem ganz anderen Maße, als wir uns heute vorstellen können. Doch eigentlich hat sich an den Motiven nicht viel geändert. Oft waren es weniger edle Gründe wie Abenteuerlust und Flucht vor Strafverfolgung, die den Antrieb zur monatelangen Wanderung in der Fremde gaben. Und so unterschiedlich die Herkunft war, so verschieden waren die Motive der Pilger. Schon immer gab es die Mächtigen, die Santiago einzig aus Prestigegründen besuchten, oder die Kaufleute und Reichen, die selbst keine Zeit oder Lust hatten, die Pilger beauftragten und bezahlten, in ihrem Namen eine Pilgerreise anzutreten. Damit sicherten sie dem Geschäftsfeld der Pilger-Dienstleister einen wirtschaftlichen Aufschwung.

Straftäter wurden in jener Zeit nach Santiago geschickt statt ins Gefängnis. Ihnen wurde nach Vorlage der Pilgerurkunde die Strafe erlassen. Eine Form früherer Resozialisierung, die durchaus erfolgversprechend war. Im Vergleich zu heute war es allerdings nicht selbstverständlich, heil nach Hause zu kommen. Denn nicht nur Wallfahrer begaben sich auf den Jakobsweg. In ihrem Gefolge tummelten sich auch allerlei dunkle Gestalten, die auf Beute spekulierten. Oft traf es auch da die Ärmsten der armen Pilger, denn der Politiker und Potentat hatte seine Soldaten dabei, der vermögende Pilger konnte sich ebenfalls Schutz und Unterschlupf kaufen. Blieben die Sühne- und Stellvertreterpilger, die mit Naturalien ausgestattet die lange Reise antraten. Und der Bauch eines Schurken knurrte sicherlich in freudiger Erwartung beim Anblick eines Schweins oder Ochsen.

Die Wallfahrt war nicht nur durch Naturgewalten gefährdet, sondern auch durch Menschen, die vor Betrug und selbst Mord nicht zurückschreckten. Für die Wegelagerer war das Salär, das ein Pilger erhielt, ein Vermögen. Von dem armen Tropf selbst verlangte es dagegen ohnehin Bescheidenheit und genaues Handeln. So stand zum Beispiel einem Stellvertreterpilger für die Wallfahrt von Lübeck nach Santiago der Gegenwert von zwei Ochsen oder zwanzig Schafen zur Verfügung. Erst als durch den Aufbruch auf dem Jakobsweg zahlreiche Einrichtungen für die Betreuung und Begleitung der Pilger entstanden, fanden sie Unterschlupf. Und so folgten noch mehr mittellose Pilger diesen karitativen Einrichtungen, die bis heute nur geringes Geld für einen Übernachtung erwarten.

Aber so einfach aufbrechen konnte man damals auch nicht. Zu Ausweis und Schutz auf dem Weg konnte man sich einen Geleitbrief ausstellen lassen. Damit zog der Pilger auf einem der vier Hauptwege durch Frankreich und ab Puente la Reina jenseits der Pyrenäen den sechshundert Kilometer langen *Camino Francés*. Bevor er seine Reise antrat und seinen Geleitbrief in der Tasche hatte, begab er sich zur Kirche. Die Kirche hatte für den Aufbruch eines Pilgers ein eigenes Ritual entwickelt. Rituale sind seit eh und je wichtig, und heute noch führen manche Jakobspilger einige dieser Riten durch: Sie legen die Beichte ab und knien vor dem Altar nieder. Gemeindemitglieder stehen über ihm und singen die sieben Bußpsalmen, sprechen die Litaneien und Gebete. Dann werden ihm Pilgerstab und -tasche mit einem Segensritus überreicht. Die Pilgertasche ist heute abgelöst worden von Rucksack oder Radtasche, der Hut wich wasserabweisenden Schlapphüten oder Goretex-Radhauben, die vor Regen schützen – Insignien, an denen man heute den Pilger erkennt. Untrügliches Zeichen sind allerdings auch blasse Füße und Knöchel, die nachmittags in Teva-Sandalen ausgeführt werden. Offensichtlicher ist aber das Tragen der Jakobsmuschel. Schon der Pilger Sir Walter Raleigh (1554–1618) wünschte sie sich: »Gebt mir die Muschel, den Stab des Glaubens, auf daß er mich stützt …«

Der Baedeker des Mittelalters

Eigentlich ist der *Codex Calixtinus* eine Sammlung von Handschriften aus dem zwölften

Jahrhundert. Die Urheberschaft wird fälschlicherweise Papst Calixt II. zugeordnet, dabei war es der französische Gelehrte Aymeric Picaud, der den Pilgerführer verfaßte. Die teilweise sehr despektierlichen und von Vorurteilen geprägten Beschreibungen lassen sich wahrscheinlich auch nur durch die häufige Ablehnung, welche die Iberer mit den Franzosen verband, erklären. Das Buch entstand als Anregung zum Besuch des Reliquienschreins des Apostels Jakobus in Santiago de Compostela. Nur der fünfte Teil ist als Pilgerführer zu verstehen, der verschiedene Wege nach Santiago de Compostela beschreibt, Kirchen aufzählt, die der Pilger besuchen sollte, und vor Gefahren auf dem Weg warnt. Alles in allem erhält man einen guten Einblick in die Reisebedingungen des Mittelalters.

Die Siebensachen des Pilgers

Sie sind nicht nur Stütze, sondern auch Erkennungszeichen. So soll der Pilgerstab dem Wallfahrer das Reisen erleichtern. Früher sollte der Stab auch vor den Visionen und Versuchungen des Teufels schützen und die Dreifaltigkeit darstellen, an der sich der Pilger festhält. Auch heute sieht man Pilger noch mit dem alten Holzstab, aber die Carbon-Stöcke erobern mittlerweile den Markt.

Auch die geweihte Ledertasche hatte ihre Bedeutung, sollte sie den Pilger doch zur Gebefreudigkeit animieren. Dem Stellvertreter-Pilger wird dies eher wie eine Last vorgekommen sein. Der Beutel war nach oben geöffnet und nahm nur einen kleinen Vorrat auf. So war diese Tasche ein Symbol dafür, daß der Pilger auf Reichtümer verzichtet und seinen Besitz mit den Armen teilt, aber auch bereit ist, von anderen etwas anzunehmen.

Der Pilgerhut war groß und häßlich, mit breiter Krempe, die das Gesicht beschattete. Damit konnte er sich gegen Sonne und Regen schützen. Beides erlebt der Pilger nämlich in ausgeprägtem Maße.

Die Jakobsmuschel

Das wichtigste Pilgerzeichen der Jakobswallfahrer ist die Muschel. Die Furchen der Schale symbolisieren die Wege, die auf ein gemeinsames Pilgerziel hinführen. Früher hatten die Pilger, die von Santiago zurückkehrten, die Muschel bei sich, die sie an ihre Pilgermäntel hängten. Die Muschel symbolisierte die guten Taten der Wallfahrer. »Die zwei Schilde der Muschel bezeichnen die zwei Wege der Liebe, auf denen der Pilger sein Leben zum Ziel führt: Gott über alles und den Nächsten wie sich selbst zu lieben.« So beschreibt es der erste Reiseführer *Codex Calixtinus*.

Die Jakobsmuschel – das »Schweizer Messer« der Pilger. Sie war aber nicht nur ein Pilgerabzeichen oder ein Symbol für die Nächstenliebe. Ihr allein sagte man bereits eine magische Wirkung nach. Sie heilte Kranke und brachte all denen Glück, die eine »wahre« Jakobusmuschel entweder in Santiago oder bei einer dem Jakobus gewidmeten Heiligen Stätte am Jakobsweg gekauft oder sie an der Küste bei Cap Finisterre aufgesammelt haben. Sie sollte den Pilger auf dem Heimweg und auch noch in der Heimat schützen. Vor allem jedoch diente sie früher als Nachweis dafür, daß der Pilger die Reise tatsächlich absolviert hatte. Und sie hatte auch einen praktischen Wert, denn man konnte sie zum Wasserschöpfen und Schneiden verwenden. Seither steht sie auch in der Kunst und Literatur des Mittelalters als äußeres Kennzeichen für Pilger.

Daß die Jakobsmuschel überhaupt eine Rolle spielt, hängt wiederum mit einer Legende zusammen, wonach ein Ritter zu Pferd an der Anlegestelle jenes Schiffes, welches Jakobus nach Spanien brachte, stand. Als das Pferd den wundersamen und hellen Schein sah, der von einem Stern herab auf den Apostel fiel, war es von dem

Anblick so verstört, daß es in das Wasser sprang und den Ritter mit sich in die Tiefe riß. Der Ritter wurde gerettet und an Bord gezogen. Sein Körper war mit Jakobsmuscheln bedeckt.

Auch andere Legenden ranken sich um die Jakobsmuschel, die alle das gleiche Muster beinhalten: die wundersame Rettung eines Menschen durch Jakobus. Die Muschel ist nicht nur das Erkennungszeichen des Pilgers, sie zeigt auch dem Wallfahrer seinen Weg. Gut sichtbar, gelb auf blauem Grund, weist sie die Richtung nach Santiago de Compostela. Dazu kommt der gelbe Pfeil, *la flecha amarilla*, der an Hausmauern, Holzlatten und Baumstämmen angebracht ist und in den Orten auch den Weg zu den Pilgerherbergen zeigt, die sich wie Wegmarken entlang der Strecke reihen. Und hier sammeln sich ab nachmittags die Pilger und warten auf den Einlaß.

Die Herbergen

Die meisten Herbergen werden von den Jakobus-Gesellschaften betrieben. Die Häuser sind manchmal greifbar vom Dogma erfüllt, daß Armut eine Tugend sei. In den Herbergen geht es zuweilen schlampig zu, laut, schmutzig. Man braucht schon ein Quentchen Leidensfähigkeit, um in diesen *Refugios* zu übernachten. Spartanisch eingerichtet, oft überfüllt, bieten sie dem Fußpilger Platz für eine Übernachtung. Nur wer krank ist, darf eine weitere Nacht dort bleiben. Erst wenn alle Fußpilger einen Platz gefunden haben, werden Rad- und Pferdepilger aufgenommen. Motorisierte Pilger – ein Widerspruch in sich – werden abgelehnt.

Entlang des *Camino Francés* finden sich trotzdem vermehrt Gruppen, die im Luxusreisebus von Ort zu Ort gekarrt werden und am Ziel die *Compostela* erhalten möchten. Sie entsprechen dem klassischen Bild eines Pilgers nicht mehr. Dazu kommen eben jene Faule, die vorgeben, zu reisen. Seitdem verlangt das Pilgerbüro je Tag zwei Stempel im Pilgerausweis. Da Herbergen in der Regel vormittags ab zehn Uhr bis nachmittags sechzehn Uhr geschlossen sind, kann es durchaus stressig werden, die geforderten Stempel zu bekommen.

Die Ausstattung der sanitären Anlagen läßt vielerorts zu wünschen übrig, das Duschwasser ist nicht zwingend warm. Man hört jedes Geräusch, jede Bewegung, und wenn man ohnehin schon unter einem schnarchenden Partner leidet, kann der Aufenthalt im Schlafsaal eines *Refugios* zum Extrem-Erfahrungstrip werden. Denn nach Anstrengung und verstaubter Nase kann das Geräusch noch anschwellen. Oropax ist also eine Pflicht für Lärmempfindliche.

Die Regeln

Trotz all dieser Nachteile: Diese Häuser werden mit viel Engagement für den Wallfahrer betrieben, bieten eine günstige Übernachtung und wundervolle Begegnungen. Die Regeln in den *Refugios* sind klar und kompromißlos, anders funktioniert es eben auch nicht, wenn so viele Menschen unterwegs sind. Die Wallfahrer zu Fuß oder Pilger mit körperlichen Behinderungen haben Vorrang. Ihnen folgen Pilger, die den Weg zu Pferd zurücklegen, dann die Radfahrer. Für Touristen aller Art, Autopilger, Wegelagerer und Vagabunden ist die Benutzung verboten. Und eigentlich ist es untersagt, daß die Fahrer von Begleitfahrzeugen die Betten reservieren. Diese »Handtuch-Taktik« wird aber gerne versucht. Die Herbergen schließen ihre Türen um elf Uhr am Abend und müssen vor zehn Uhr am Morgen verlassen werden.

In den letzten Jahren hat sich eine Pseudo-Herbergswirtschaft am *Camino* entwickelt. Private Häuser geben vor, eine Pilgerherberge zu sein, verlangen aber wesentlich mehr für eine Übernachtung. In den Herbergen wird eine freiwillige Spende von ca. sechs Euro erwartet. Der wohl größte Unterschied liegt aber im Personal. In den *Refugios* pflegen freiwillige Helfer die traditionelle kostenlose Gastfreundschaft, wie es schon immer charakteristisch für diese Einrichtungen war.

Pilgerausweis und Pilgerurkunde

In Zeiten der Globalisierung ist die Jakobsmuschel in allen Teilen der Welt zu erwerben und kann deshalb nicht mehr als Nachweis für die Pilgerschaft herhalten. Unverzichtbar ist deshalb auf jeden Fall der Pilgerausweis (*Credencial*), den der vorausschauende Pilger rechtzeitig bei den Jakobsgesellschaften besorgen sollte und sich von der Heimatpfarrei abstempeln läßt. Allerdings gibt es auch am Jakobsweg Einrichtungen, die den Ausweis ausstellen. Für die Ausstellung des Pilgerausweises benötigt das Pilgerbüro neben dem Namen und der Adresse die Nummer des Personalausweises, den Ort, von dem Sie losgehen wollen, und ob Sie sich zu Fuß oder mit dem Fahrrad (oder gar zu Pferde) auf den Weg machen wollen.

Sie benötigen den Pilgerausweis, wenn Sie in Herbergen übernachten wollen und wenn Sie in

Santiago im Pilgerbüro Ihre *Compostela* erhalten möchten. Es ist nicht schlecht, diesen Ausweis vor Witterungseinflüssen zu schützen, denn die meisten Stempel sind sehr dekorativ, ebenso wie der Ausweis selbst. Abgesehen davon, ist das *Credencial* der Nachweis für die Ausstellung der *Compostela* am Ende der Pilgerfahrt.

Auf der Website www.lossellosdelcamino.com finden Sie übrigens die Stempel aller *Refugios*. Mittlerweile gibt es ca. fünfzig verschiedene regionale Ausführungen des Pilgerausweises. Das führte zu Verwirrungen und Schwierigkeiten bei der Erteilung der *Compostela* im Pilgerbüro von Santiago. Deshalb hat die Universale Erzbruderschaft des Apostels Santiago nun beschlossen, daß nur noch der von ihr herausgegebene Pilgerausweis für die Erteilung der *Compostela* anerkannt wird. Und so stellen ab 2009 nur noch die Jakobus-Gesellschaften und Jakobus-Bruderschaften den Ausweis aus. Und nur dann wird Ihnen die Absolution am entbehrungsreichen Weg gewährt.

Die Pilgerurkunde - La Compostela

Von jeher war es erforderlich, den Vollzug der Pilgerschaft zu beglaubigen. Zunächst wurden dafür Abzeichen wie die Jakobsmuschel benutzt, die nur in Santiago zu erlangen waren. Allerdings liegt es auf der Hand, daß diese Beglaubigungsmethode sehr leicht zu fälschen war. Deshalb sahen sich die Prälaten und der Papst selbst dazu gezwungen, Exkommunikationsstrafen über die Fälscher zu verhängen.

Seit dem dreizehnten Jahrhundert werden die sogenannten »Beglaubigungsschreiben« benutzt, die auf Grund ihrer Wirksamkeit gegen die Fälschungen einen großen Erfolg hatten. Sie sind die Vorläufer der heutigen *Compostela*. Im sechzehnten Jahrhundert wurde die Stiftung des Königshospitals vom Katholischen Königspaar gegründet und das heutige *Hostal de los Reyes Católicos* aufgebaut, das 1954 in ein staatliches Touristenhotel umgewandelt wurde. Die Pilger in der damaligen Zeit durften mit dem Vorlegen der *Compostela* drei Nächte dort kostenlos absteigen. Auf Grund der Gesundheitsbedürfnisse der Pilger wurde diese Institution – nach entsprechenden Vergrößerungen – zum wichtigsten Krankenhaus Galiziens und später zum Sitz der bekannten compostelanischen Ärztekammer.

Das Erscheinen der Motorfahrzeuge und die Verbreitung des Tourismus im zwanzigsten Jahrhundert brachten eine Krise der Pilgerschaft nach Santiago mit sich. Die Pilgerschaft als Sühne für die begangenen Sünden war von religiösen Opfern und vielen Bemühungen geprägt. Die Zivilbehörden anderer heiligen Orte fingen an, ebenfalls Besuchsurkunden auszustellen, welche die *Compostela* nachnahmen. Im Heiligen Land zum Beispiel wird ein Zertifikat vom israelischen Tourismusministerium ausgefertigt.

Die Pilgerbehörde, die sich in unmittelbarer Nähe der Kathedrale befindet, stellt die *Compostela* aus. Der Wartesaal verbreitet die Atmosphäre einer »Postannahmestelle«. Nach gründlicher Prüfung des Pilgerausweises überreicht der Mitarbeiter die Pergamentrolle, nicht ohne sie vorher handschriftlich mit Datum und Namen in lateinischer Sprache zu versehen.

Hier der deutsche Text der Pilgerurkunde: »Das Kapitel dieser Heiligen Apostolischen Erzbischöflichen Compostelanischen Kathedrale, Besitzer des Siegels des Altars des Apostels St. Jakobus, bestätigt allen Gläubigen und Pilgern, die von überall her kommend, mit Andacht oder auf Grund eines Gelübdes vor dem Apostel Jakobus, der ebenfalls der Schutzpatrons Spaniens ist, niederfallen, im Beisein aller, die diese Urkunde lesen möchten, daß Frau XY mit Andacht und mit einer christlichen Motivation (*pietatis causa*) diese hochheilige Kirche besuchte. Aus diesem Grunde überreiche ich ihr diese Urkunde, die mit dem Siegel dieser Heiligen Kirche bekräftigt ist. Überreicht in Santiago de Compostela am … (Datum) Anno Domini. Der Domkapitelsekretär.«

Der Start des Pilgerweges

Für den Start gibt es keinen festgelegten Ort. Es hängt eher von Zeit und Anreise ab. Ein beliebter Ort ist Saint-Jean-Pied de Port im Süden Frankreichs oder Pamplona, das mit dem Flugzeug gut zu erreichen ist. Wenn Sie von Frankreich aus die schweißtreibende Etappe über den Ibañeta-Pass wählen, dann gehen Sie durch eine saftig grüne Pyrenäenlandschaft, die natürlich bergauf führt, zunächst sanft und dann immer strammer. Früher läutete nach Sonnenuntergang oder bei schlechten Sichtverhältnissen ein Mönch ein Glöckchen, damit sich die Pilger nicht verliefen. Auch heute noch wäre dies wünschenswert, denn es geschieht immer wieder, daß sich Pilger dort verirren.

Später geht es dann gemütlich bergan, und ab Burlada finden Sie die Wegweisung nach Santiago mit *La flecha amarilla*, also dem gelben Pfeil, der Ihnen von nun an in der Regel zuverlässig den Weg nach Santiago zeigt.

Pamplona

Pamplona ist vor allem durch seine wilden Fiestas bekannt, zum Beispiel am San-Fermin-Fest im Juli. An diesen Tagen hat übrigens die Pilgerherberge geschlossen. Vielleicht fürchten sich die Pilger vor der feiernden Menge, die durch Pamplonas Gassen torkelt. Feiern bis zum Umfallen ist nämlich in diesen Tagen angesagt, und am nächsten Tag, wenn der Stierlauf (*Encierro*) stattfindet, haben manche von ihnen noch so viel Restalkohol im Blut, daß sie sich benebelt über die Absperrungen schwingen und vor die trampelnden Kolosse hüpfen. Die Stiere werden zur *Corrida*, die nachmittags stattfindet, durch die engen Straßen gejagt. Wahrscheinlich wissen sie, was sie erwartet, und denken sich, warum nicht schon im Vorfeld einige auf die Hörner nehmen. Diese Atmosphäre hat Hemingway in seinem Buch *Fiesta* beschrieben.

Wenn Sie die Hektik Pamplonas verlassen haben, breitet sich vor Ihnen der Monte Perdón aus. Majestätisch ragen gegen den Himmel blitzende Windräder vor Ihnen auf.

Wenn Sie oben sind, können Sie nach Luft schnappen und den phantastischen Blick auf die navarresische Landschaft genießen. Sie sind übrigens in Navarra, eine Landschaft, die der Autor des ersten Pilgerführers sehr befremdlich fand.

Camino Francés – der Weg zu den Sternen

Aymeric Picaud, der Autor des *Codex Calixtinus,* war recht kritisch in seinen Äußerungen zu Land und Leuten am Jakobsweg. In keiner Weise zurückhaltend beschrieb er die Navaresen als ein Volk, das sich unsittlich benahm und gar Unzucht mit Tieren treiben sollte. Hinterhältig und verschlagen warteten sie zudem darauf, die Pilger auszunehmen. Diese Gefahr besteht heute nicht mehr, wenn es sie überhaupt jemals gegeben hat. Der Strom der Pilger hat lediglich dazu geführt, daß manche Wirtsleute versuchen, die Pilger einen Umweg entlang zu lotsen.

Aber hier beginnt der Pilgerweg, der sich später in Puente la Reina mit weiteren Wegen vereint, dann durch La Rioja und Kastilien-León führt, über den O Cebreiro nach Galizien weiterführt und schließlich in Santiago endet. Er ist der älteste Pilgerweg in Europa und mißt von den Pyrenäen an achthundert Kilometer bis zum Grab des Apostels. Hape Kerkeling fand diesen Weg hart und wundervoll, weil er eine Herausforderung und eine Einladung gleichermaßen ist: »Er macht kaputt und leer. Restlos. Und er baut wieder auf. Gründlich. Er nimmt alle Kraft und gibt sie dreifach zurück.« Und deshalb empfiehlt Kerkeling, daß man ihn alleine gehen müsse, weil er sonst seine Geheimnisse nicht preisgibt.

Der Pilgerhighway
und seine wichtigsten
Stationen

In Puente de la Reina vereinigen sich die Wege zu einem. Die Stadt ist mit mehreren Herbergen und Hotels auf die Pilger eingestellt. Ohnehin bieten viele Hotels mehrere Kategorien von Unterkünften an. Die Anzahl der Mehrbettzimmer ist am Jakobsweg ebenfalls höher als anderswo. In den gängigen Beschreibungen des *Camino Francés* darf ein Höhenprofil nicht fehlen. Die meisten Pilger fürchten sich vor dem Ibañeta-Pass, dem Cruz de Ferro und das Erklimmen zum O Cebreiro. Dabei gibt es auch zwischendurch immer wieder recht knackige Anstiege, so auch direkt nach Puente de la Reina. Um so erfreulicher ist die Überraschung, die Sie am Benediktinerkloster Santa Maria la Real de

Irache erwartet: Am Wegrand steht ein Brunnen, aus dem nicht nur erfrischendes Wasser sprudelt, sondern auch der stärkende Wein der Klosterkellerei. Eine willkommene und belebende Abwechslung. Aber auch die Kirche in der Form eines lateinischen Kreuzes, mit einem Mittelschiff und drei halbrunden romanischen Apsiden, die in der Übergangszeit von Romantik und Barock erschaffen wurde. Überhaupt finden Sie entlang des Pilgerweges über eintausend Sakralbauten.

Zwischen Weinbergen und Weizenfeldern geht es durch eine wellige Landschaft weiter in Richtung Westen. In guten Hanglagen wachsen Reben, in den Niederungen Oliven. Jedes Eckchen wird hier ausgenutzt. Die knorrigen Weinstöcke, die dann im Ebro-Tal zu sehen sind, deuten jedoch darauf hin, daß der Weinanbau bereits lange betrieben wird. Es geht weiter durch die Eselstöter-Schlucht (*Barranco Mataburros*) bis zu den Ruinen des Castillos de Clavijo, einem sagenumwobenen Ort, an dem sich legendäre Dinge rund um den Jakobskult ereigneten. Was sich hier wirklich vor mehr als eintausend Jahren abgespielt hat, weiß eigentlich niemand so recht. Die Anhänger von Jakobus sehen im Eingreifen des Apostels den Grund dafür, daß man die Mauren besiegt hat. Er soll, aufrecht sitzend auf einem Schimmel, die Ungläubigen in die Flucht geschlagen haben. Allerdings gibt es noch eine andere Version, demzufolge die Schlacht dank des entschlossenen Auftretens Sanchas, der Verlobten des Ritters Osorios, gewonnen worden sei. So sollten die Asturier alljährlich den »Tribut der hundert Jungfrauen« an die Mauren entrichten.

Sancha war übrigens so enttäuscht über die spanischen »Memmen«, die dem Treiben tatenlos zusahen, daß sie sich vor den christlichen Herren entblößte mit den Worten: »Solange ihr Euch wie ängstliche Weiber benehmt, brauche ich mich meiner Nacktheit doch nicht zu schämen. Wenn aber mit den maurischen Schergen richtige Männer hier erscheinen, werde ich mich wieder ankleiden.«

Das saß! Und dank dieser provozierenden Motivation wurden die Mauren besiegt.

Handfestes und Beweisbares ist allerdings eher in den beeindruckenden Ruinen der gewaltigen

Klosteranlage zu finden. Einige Kilometer weiter wird es mühselig, den Weg zu begehen. Er ist von großen Kieselsteinen übersät. Das schmerzt! Das Pilgern weckte wohl auch die Kreativität, und so entstand aus der steinigen Plage ein weiteres Ritual: Die Pilger sammeln die Steine und bauen auf mehreren hundert Metern Steinmännchen auf.

Santo Domingo

Nur wenige Städte können solch eine Tradition aufweisen wie Santo Domingo de la Calzada. Der Italiener Laffi schrieb bereits im siebzehnten Jahrhundert, daß die Nächstenliebe in diesem Ort noch lebendig sei. Es scheint sich nichts verändert zu haben. Die Gründung dieser lebendigen Stadt mit »italienischem« Flair und viel Leben in der Haupt-Einkaufsgasse und auf den abendlichen Straßen geht auf den heiligen Domingo zurück, dessen Tod und Beerdigung in der Kathedrale Anno 1100 die kleine Ansiedlung zu einem bedeutenden Ort werden ließ. Wenn Sie die Kathedrale betreten, werden

Sie verwundert Hühnergegacker wahrnehmen. Neben dem flämischen Aufsatzaltar nimmt sich der Käfig, in dem ein Hühnerpaar residiert, etwas merkwürdig aus. Es ist zwar keine Bodenhaltung, doch man geht pfleglich mit dem Federvieh um und tauscht es alle drei Wochen aus. Was dann allerdings mit ihnen passiert, ist nicht bekannt. Der Brauch geht auf eine Legende zurück, das an das Hühnerwunder des heiligen Domingo erinnert: Auf dem Weg nach Santiago nächtigt ein deutsches Paar mit seinem Sohn in der örtlichen Herberge. Eine junge Magd versucht des Nachts den Jungen zu verführen, doch er bleibt standhaft. Am nächsten Tag bezichtigt sie ihn des Diebstahls. Wahrscheinlich war sie beleidigt. Er wird ergriffen und, obwohl er vor dem Richter seine Unschuld beteuert, gehängt. Die fassungslosen Eltern kehren noch einmal zur Richtstätte zurück, um sich zu verabschieden. Sie hören ihren Sohne sprechen: »Ich bin nicht tot.« Sie sollten mit dem Jammern aufhören, es gehe ihm gut, denn Jakobus halte ihm die Beine. Natürlich rannten sie sofort zum Richter, der gerade zu Tisch saß. E reagierte erbost über die Störung und schrie erzürnt: »Euer Sohn ist so sicher tot, wie dieser Hahn und dieses Huhn in der Backröhre tot sind!« Darauf öffnete sich der Ofen, und Hahn und Henne spazierten unter Gegacker und Flügelschlagen heraus. Sofort rannte der Richter zum Schindanger und stellte fest, daß der Junge lebte. Man knüpfte ihn ab, und die Familie zog von dannen. Die Magd jedoch wurde wegen ihrer Verleumdung hingerichtet.

Die Meseta

Die unwegsame Landschaft auf den nächsten Kilometern ist wegen ihrer Unübersichtlichkeit und auch wegen des extremen Klimas gefürchtet. Aber noch schlimmer sollen die blutrünstigen Räuberbanden gewesen sein, die sich dort versteckten und den Pilgern auflauerten. Von den Wegelagerern ist heute nichts mehr zu sehen. Der unwegsame Landstrich und das extreme Wetter sind jedoch geblieben. Nach den bewaldeten Höhen des Monte de Oca taucht nun die baum- und strauchlose Meseta auf. Der einzige Schatten, der hier existiert, ist Ihr eigener. Das Licht hat eine besondere Schärfe, schneidet und blendet Sie.

Burgos

Erst das imposante Burgos, die alte Hauptstadt Kastiliens, reißt Sie wieder aus der Monotonie. Die Stadt hat eine bewegte Vergangenheit: Sie war Bollwerk gegen die Mauren, nach dem Zurückdrängen der Araber dehnte sie sich aus und wurde zum wichtigsten Handelszentrum in Kastilien. Doch dann kamen die schlechten Jahre. Überschwemmungen, Pest und kriegerische Überfälle machten im sechzehnten Jahrhundert den Städtern das Leben schwer. Der berühmteste Sohn der Stadt ist El Cid, der Nationalheld der Reconquista. Sogar Herder und Eichendorff nahmen sich der Lebensgeschichte von Rodrigo Diaz an.

Die imposante Kathedrale prägt den Stadtkern. Nachmittags wimmelt es von Touristen. Unter ihnen erkennen Sie die Pilger sofort. Woran? Natürlich an Muschel, Hut oder Stab. Oder am

typischen Outfit: Cargohose und Teva-Sandalen.
Einfach weil es praktisch ist. Hier sowie später in
León, in den großen Städten, treffen Sie häufig
Pilger an. Und wer bereits jetzt über Blasen oder
sonstige Wehwehchen klagt, kann sich im Mi-
litärhospital medizinisch versorgen lassen. Alle
Pilger, die sich ab neunzehn Uhr einfinden, wer-
den drei Tage lang ambulant kostenlos behandelt.
Auch eine stationäre Aufnahme ist dort möglich.

Der Weg nach León

Über langgezogene Steigungen geht es weiter
in Richtung León. Der Weg führt zunächst
durch eine wüstenhafte, von Tafelbergen durch-
zogene Landschaft. Auf einem dieser beeindruk-
kenden Hochplateaus liegt Castrojeriz, ein Ort,
der vom Servitenmönch Kuenig von Vach einst
mir nichts, dir nichts, in »Castel Fritz« umge-
deutscht wurde. Vielleicht deshalb, weil der Ort
bereits in der Westgotenzeit gegründet worden
war. Die Landschaft läßt ahnen, wie hart das Leben hier war und wahrscheinlich auch noch ist.
Die Menschen leben von der Pilgerwirtschaft,

doch letzen Endes ist es so, daß die Pilger unterwegs wenig Geld dalassen. Hier mal ein *Café solo* (Espresso) oder ein Kaltgetränk. Die meisten nächtigen in Herbergen; aber auch jene, die in Gasthöfen bleiben, frühstücken in aller Herrgottsfrühe – falls sie ein Frühstück bekommen – und ziehen sofort weiter. Der Weg ist das Ziel und nicht der Ort auf dem Weg.

In manchen Orten scheint die Zeit stehen geblieben zu sein. Auf dem Marktplatz waschen die Frauen gemeinsam ihre Wäsche. Sie lachen dabei und grüßen. Man ist versucht zu glauben, daß dies eine perfekte Inszenierung ist. Doch es ist tatsächlich die Realität. Umso bewundernswerter sind die Menschen. Hunderte Pilger streifen an einem Tag durch dieses kleine Nest, geben Töne des Erstaunens von sich: »Schau mal, die waschen ihre Wäsche tatsächlich noch an einem Waschbrett.«

León

Nach einem langen und anstrengenden Weg durch die Felder erreicht man wieder eine Stadt: León erscheint einem durch den Kontrast wie eine wundervolle Offenbarung. Alte, verwinkelte Gassen, die sich unter Arkaden verstecken, füllen sich abends mit Einheimischen und fußgeplagten Pilgern. Ruhe findet man wiederum in der von buntem Licht durchfluteten Kathedrale, die nach einer Legende dadurch entstand, daß ein Maulwurf versuchte, die Fundamente der Kathedrale der Maria von León zu untergraben. Aber all seine Mühsal war vergebens.

Entstanden ist eine der schönsten Kathedralen Spaniens. Die Fakten: Etwa tausendachthundert Quadratmeter kunstvoll bemalte Glasscheiben füllen hundertfünfundzwanzig teilweise zwölf Meter hohe Fenster, siebenundfünfzig Öffnungen und Rosen sowie drei riesige Rosetten.

Der Weg nach Astorga

Nach Leon wird es wieder schattiger, denn zahlreiche Wasserläufe und der Canal del Páramo schaffen einen fruchtbaren Landstrich, in dem Pappelwälder und Gemüsefelder den Weg säumen. Entlang des Òbrigo kommen Sie zum Schauplatz des Paso Honoroso. Hier hatte sich 1434 der Ritter Suero allen Rittern in den Weg gestellt, um Brückenzoll zu erheben. Natürlich gibt es auch hierüber unterschiedliche Darstellungen, warum und wofür dieser Ritter den Brückenzoll erhob. Die einen sagen, um Lösegeld für eine Haftstrafe zu bekommen, die anderen, zur Ehre Santiagos. Jedenfalls kämpfte Suero mit neun mutigen Kameraden einen ganzen Monat lang gegen ein Aufgebot an Edelleuten aus allen Ländern, wobei es unklar ist, ob es dreißig oder dreihundert Gegner waren. Übrigens eine typisch spanische Angewohnheit, die Dinge etwas bedeutender zu machen, als sie sind. Nun fragt man sich angesichts des Ortes, warum die Edelleute sich nicht einfach aufs Roß gesetzt und den Fluß durchritten haben. Vielleicht galt dies bei Rittern als nicht ehrenhaft, wer weiß.

Auf dem Weg nach dem zweitausend Jahre alten Astorga bekommt man langsam eine Ahnung davon, was danach wartet: Paßstraßen. Schon bei den Römern war Astorga ein wichtiger Ort und Schnittpunkt an den beiden Römerstraßen Via Traiana und Via de la Plata. Aber auch unter den

Pilgern galt Astorga von jeher als besonderer Ort, der neben Burgos die meisten Herbergen hat. Hier konnten und können sie sich ausruhen und neue Kräfte sammeln, bevor sie sich den Strapazen der vor ihnen liegenden Berge aussetzen. Auch diese Stadt hat eine Kathedrale. Daneben erhebt sich jedoch der etwas skurrile, neogotische Bischofspalast, der von Antonio Gaudí erbaut wurde. Nach der Vielzahl der Sakralbauten sticht dieses Bauwerk tatsächlich hervor.

Cruz de Ferro

Eine der eindrucksvollsten, aber auch härtesten Etappen wartet nun auf die Pilger. Gleichzeitig überwältigt diese Strecke durch ihre Schönheit. Sie befinden sich im Vorzimmer Galiziens. Es duftet nach Ginster, Heidekraut und Lavendel. Wenn Sie in der morgendlichen Kühle aufbrechen, haben Sie das Schlimmste bis zum Mittag überstanden. Und wenn Sie sich den sechzehn Kilometer langen Anstieg zu Cruz de Ferro hochgekämpft haben, erwartet Sie meist ein eisiger Wind.

Trotzdem – halten Sie an. Legen Sie Ihren Stein aus der Heimat hier nieder, wie es alle Pilger tun. Aus einem entsprechend bombastischen Steinhügel ragt ein dünner Baumstamm heraus, der mit einem Eisenkreuz gekrönt ist. Eigentlich nichts Besonderes. Doch die Millionen Steine, die hier oben liegen, jeder nach tausendjähriger Tradition von Pilgern niedergelegt, macht den Akt und den Ort zu etwas Besonderem. Oft sind die Steine beschrieben, tragen Botschaften oder geben einfach nur Auskunft darüber, woher sie kommen.

Molinaseca

Jeder Santiago-Pilger durchquert danach das Höhenland von Manjarín. Erleichtert um das Gewicht seines Steins und häufig auch befreit von Sorgen oder belastenden Gedanken. Für Hardcore-Pilger findet sich auf dieser Strecke ein Freiluft-*Refugio*, das von einem enthusiastischen Aussteiger betrieben wird. Das malerische Molinaseca mit seinen stattlichen Bauernkaten bietet allerdings auch Unterkünfte an, die vor Kälte und Regen schützen. Denn letzteres ist in diesen Gefilden nicht ungewöhnlich. Ebenso schön ist das Bergdorf El Acebo mit einer Bar, die zum beliebten Pilgertreffpunkt geworden ist. Am Ortsausgang steht links an der Straße auf einem Sockel ein Gedenkstein in Form eines kaputten Fahrrads, das an den Unfalltod eines deutschen Radlers erinnert, der vor ca. zwanzig Jahren auf der steilen Abfahrt verunglückt ist. Bezeichnenderweise steht diese Skulptur direkt neben der Friedhofsmauer.

Vor dem Pilger liegt nun der zweite Pass des *Camino*, den er bezwingen muß. Zum Teil fordert der mühselige Anstieg die letzten Kräfte. Es geht vorbei an urigen Weilern, und wenn die Grenzlinie zwischen Galizien und Kastilien erreicht ist, weicht die spärliche Vegetation üppigem Grün. Manchmal fegt dort oben ein grausamer Gegenwind über den Bergrücken, dem grandiosen Blick kann er jedoch nichts anhaben.

Monte Cebreiro

Ganz anders als die weiträumige Bergwelt um das Cruz de Ferro zeigt sich nun der Monte Cebreiro. Erst oben am Alto de Cebreiro öffnet sich der Blick, und man sieht über Hochtäler endloser Weiten. Galizien ist erreicht! Der Autor des *Codex Calixtinus* war darüber überglücklich, denn »die Galizier wiesen mit uns aus Franzien noch die größte Übereinstimmung auf«.

Auch in O Cebreiro wird von einem Wunder berichtet. Im vierzehnten Jahrhundert soll ein Bauer aus einem nahegelegenen Dorf jeden Tag den Aufstieg auf sich genommen haben, um die Messe zu hören. Der Mönch jedoch, der die Messe zelebrierte, war selbst nicht so glaubensfest wie der Bauer und verachtete aus diesem Grund den Mann. Erst als während der Liturgie die Hostie sich tatsächlich in Fleisch verwandelte und der Meßwein zu Blut, schlug der geschockte Mann den rechten christlichen Weg ein. In diesen Dörfern scheint die Zeit immer noch stehen geblieben zu sein. Das »Wunder von O Cebreiro« ist ein durch die katholische Kirche offiziell anerkanntes Hostienwunder. Die Katholischen Könige stifteten gar ein Bergkristallfläschchen für »Fleisch und Blut«.

Bei all dieser Aufmerksamkeit mußte natürlich auch eine Wallfahrt zu Ehren des Wunders geschaffen werden, die jeweils am 8./9. September stattfindet. Der »galizische Heilige Gral« ging gar in das landeseigene Wappen ein und soll Richard Wagners musikalisches Schaffen beeinflußt haben. Verwundert reibt sich der wohlstandsverwöhnte Mitteleuropäer die Augen über die einfachen Häuser und ihre Bewohner, die sich aufmerksam um die durchreisenden Gäste bemühen. In den Sommermonaten werden die Pilger sogar von drei jungen Franziskanermönchen spirituell betreut. Sie bieten täglich die Complet mit Pilgersegen an. Die morgendliche Laudes in der strohgedeckten Palloza, die früher als Herberge diente, ist ein unvergeßliches Erlebnis.

Das Kloster San Julián de Samos gehört zu den ältesten Klöstern Spaniens, wurde im siebten Jahrhundert gegründet und vollendet den Eindruck vergangener Zeiten. Es trotzte vorübergehenden Auflösungen und etlichen Bränden und beeindruckt heute mit einem gewaltigen restaurierten Barockbau.

Sarría

Für den Jakobsweg hat der nächste Ort Sarría eine besondere Relevanz, weil er die letzte verkehrsgünstig zu erreichende Stadt vor der Hundert-Kilometer-Grenze ist. Entsprechend viele Autobusse finden sich in der Innenstadt, die je nach Jahreszeit Pilger befördert haben. Es wird voller, was gleichbedeutend damit ist, daß auch die Herbergen bis Santiago sich wesentlich schneller füllen.

Nehmen Sie sich trotzdem etwas Zeit, die interessante Altstadt von Sarría zu besichtigen, bevor Sie aufbrechen, um auf Feld- und Waldwegen weiterzugehen. Es folgen viele kleine Dörfer und unzählige Sträßchen und Wege, die auch an der Pfarrkirche von Barbadelo vorbeiführen, die exemplarisch für die galizische Romanik steht. Sie war ursprünglich Bestandteil eines Klosters aus dem neunten Jahrhundert, von dem heute allerdings nichts mehr zu sehen ist. Nur Urkunden und die Bezeichnung der Umgebung, Mosteiro (von »Monasterium«), weisen darauf hin.

Portomarín

Im Gegensatz dazu nimmt sich Portomarín wesentlich moderner aus – das neue Portomarín, um genau zu sein. Das alte Städtchen versank nämlich in den sechziger Jahren, als der Fluß Miño hier zu einem See gestaut wurde. Aber auch das neue, sorgfältig im klassischen Stil wiedererbaute Portomarín lohnt einen kleinen Streifzug. Besonders die romanische Wehrkirche San Nicolás, die Stein für Stein unten ab- und oben wieder aufgebaut wurde, verdient Aufmerksamkeit. Für Menschen mit Höhenangst ist der Zugang zu Portomarín allerdings eine Herausforderung. Eine Brücke führt über den Stausee und das Blau des Wassers glitzert verheißungsvoll. Merkwürdig ist zudem, daß die Zeugnisse der Kunst und des Glaubens auf den letzten Kilometern eher weniger werden – oder ist man bereits gesättigt von der Vielzahl der Bauten und Besichtigungen?

Vielleicht liegt es auch nur daran, daß dieser Landstrich seit jeher Bauernland ist. Von dem nahegelegenen Palas de Rei, das nichts mit einer königlichen Residenz zu tun hat, ist auch nichts

Gottesfürchtiges zu berichten. Im Gegenteil, unser Reiseautor des Mittelalters, Aymeric, berichtete gar davon, daß die Dienstmägde der Wirtsleute überaus tadelnswert seien, weil sie aus Spaß an der Verführung, und auch um Geld zu verdienen, nachts in die Betten des Pilgers zu steigen pflegten. Viel mehr gibt es auch von diesem Ort nicht zu berichten, an Sehenswürdigkeiten sind nur die Friedhöfe zu nennen, auf denen jedes Grab ein eigenes, kleines Monument ist, oder die langgestreckten granitenen Maisspeicher, die *Hórreos*.

A Santiago!

Seit Sie die Grenze Galiziens überschritten haben, nähert sich das Ende der Reise, und die Phantasie richtet sich auf das Ankommen. Hat man die beiden anstrengenden Paßetappen hinter sich gebracht, legt man fast achtlos und unbeeindruckt die letzten Kilometer zurück. Zudem führt das letzte Stück des *Caminos* durch eine nicht mehr so unberührte Natur. Highlights sind rar, und so zieht sich das letzte Stück Weg ungehörig in die Länge. Vielleicht nennt man deshalb den Pilgerberg vor Santiago den Berg der Freude (*Monte de Gozo*). Die dreihundertsiebzig Meter Höhe sind im Vergleich fast lächerlich, doch von hier hat man zum ersten Mal einen Blick auf die Kathedrale von Santiago de Compostela.

Santiago de Compostela

Vor den Toren Santiagos gibt es einen riesigen Hotelkomplex und eine Pilgerunterkunft für eintausendsechshundert Personen. In Hochzeiten ähnelt der Berg einem Freiluftfestival. Eine riesige Zeltstadt nimmt die Fußpilger auf, die sich dann zum letzten Mal aufmachen, ihr Ziel zu erreichen. Oft genug werden am Vortag die geschundenen Knochen mit Eisbeutel fit gemacht, das Compeed-Pflaster wird herausgeholt, um zum letzten Mal die Blase abzudecken. Stille Aufgeregtheit mischt sich mit der heiteren Erkenntnis, daß es bald vorüber ist.

Nachdem Sie den Monte de Gozo, im allgemeinen die letzte *Camino*-Etappe auf dem Jakobsweg nach Santiago de Compostela, passiert haben, erreichen Sie die Stadt und die Kathedrale Santiago de Compostela.

Die Kathedrale von
Santiago de Compostela

Pilgerreisen sind Massenbewegungen geworden, auch wenn dabei der einzelne auf sich zurückgeworfen wird, und auch, wenn er in der Einsamkeit der Natur die Hunderttausende, die angeblich zur gleichen Zeit unterwegs sind, gar nicht zu sehen bekommt. Doch spätestens ab Sarría wird es voll auf dem Weg, und wenn Sie Santiago de Compostela betreten, schwirren entrückte Menschen durch die Gassen. Die Klänge der »Gaita«, des galizischen Dudelsacks, erfüllen die Luft. Der erste Weg gilt der Kathedrale, und wieder gibt es – wie kann es anders sein – einige Rituale zu absolvieren, bevor der Weg tatsächlich beendet ist. Schon Aymeric Picaud sagte im *Codex Calixtinus*: »Wer melancholisch ankommt und in die Höhe steigt, wird fröhlich.«

Ab dem Moment, an dem Sie die Plaza de Obradoiro betreten, sind Sie schon kein Pilger mehr. Dort ist die Reise unabänderlich zu Ende, und im gleichen Moment beginnt etwas Neues! Nun vollziehen alle Wallfahrer im Grunde das gleiche Prozedere, ein Ritual reiht sich ans andere. Zunächst einmal gilt es, sich den Beweis dafür, daß Sie es geschafft haben, zu holen. Die Urkunde! Also nichts wie hin zur Pilgerbehörde neben dem Heiligtum. Sie sind nicht allein, Hunderte von Menschen wollen gleichzeitig mit Ihnen ihre *Compostela*.

Ziel aller Pilgerströme ist natürlich die von Prachtbauten umgebene Plaza España, von der Sie die Westfassade der Kathedrale sehen. Hier stehen, meist mit verklärtem Blick, die frisch angekommenen Pilger. Zu manchen Zeiten ordnet die Guardia Cicil den Pilgerstrom und verhindert, daß man sich an Torbögen oder -mauern niederläßt. Der Besuch der Kathedrale steht meist an erster Stelle, nach einem Moment des Innehaltens. Nach dem Eintreten legen die meisten Pilger ihre Hand an den Schaft der Mittelsäule, um den Apostel, der darüber thront, zu ehren und vor allem auch ihm zu danken. Zahllose Hände haben den Stein geglättet und Vertiefungen hineingegraben. Zu Füßen des Apostels kniet die Figur des Matthäus, der »Kopfstoßheilige«. Besonders Einheimische reiben ihren Kopf an seiner Stirn, damit ihre Prüfungsangst vergehe oder überhaupt eine Erkenntnis über sie komme.

Die Kathedrale ist teilweise pompös ausgestattet. Dagegen strahlt die romanische Schnitzfigur des heiligen Jakobus eine sprichwörtlich himmlische Ruhe aus. Zu einem weiteren Ritus auf der Pilgerschaft gehört es, den Mantel des Apostels zu küssen.

Die Riten der Pilger

Rucksäcke, klamme Kleidungsdüfte und Körpergerüche paaren sich mit Blitzlichtgewitter und ständigem Gemurmel. In der Kathedrale herrscht nicht immer besinnliche Ruhe. Zudem ist der Besuch der Kathedrale an einige merkwürdige Riten geknüpft. Hier eine Handlungsanleitung:

An der Pórtico de la Gloria stoßen Sie den Kopf dreimal gegen den Stein – so daß ein wenig des Genies von Meister Mateo in Sie einfließen kann. Schüler der galizischen Stadt führen diese Übung häufiger im Schuljahr durch. Danach umarmen Sie auf dem Weg zum heiligen Jakobus die Apostelbüste einen Moment von hinten. Dafür gehen Sie hinter dem Hauptaltar eine kleine Treppe hinauf.

Normalerweise hängt in der zweiunddreißig Meter hohen Kuppel der Dornenkronenleuchter herab. Allerdings wird er an Festtagen durch ein Weihrauchfaß ausgetauscht, den *Botafumeiro*, der in seinen Ausmaßen enorm ist. Acht Männer braucht es, um das Gefäß in ausladende Schwingungen zu versetzen. Früher diente es dazu, die überfüllte Kathedrale zu durchräuchern, um damit das Kirchenschiff sauber zu halten. An besonderen Festtagen oder gegen entsprechende Spende wird er von kräftigen Männern in Schwung gebracht und segelt durch das Kirchenschiff über die Köpfe der Gläubigen und der Pilger hinweg, die im Rausch ihrer Emotionen am Ende der Vorführung häufig applaudieren.

Luxustempel für Pilger

Gegenüber der Kathedrale liegt das klassizistische Rathaus, und an der Nordseite erhebt sich das *Hostal de los Reyes Católicos*. Heute ist es ein *Parador*, der allerdings die Auflage hat, echte Fußpilger kostenlos zu bewirten. Aber freuen Sie sich nicht zu früh. Bei Wasser und Brot ist die Verköstigung eher spartanisch und läßt so ziemlich alle Wünsche offen. Das Hospiz wurde 1492 von den katholischen Königen gegründet und beherbergte bis 1954 ein Pilgerhospital und ein Gasthaus. Der *Parador* gehört zu den schönsten Gebäuden des Landes, mit vier eigenständigen Kreuzgängen und Einflüssen der Gotik, Renaissance und des Barocks. Luxuriöse Schlafzimmer und Bäder, elegante Lounges, schöne lange Flure und Innenhöfe, hohe Gewölbe, Möbel und andere Gegenstände aus den letzten Jahrhunderten lassen jede Erinnerung an das ehemalige Pilgerhospiz verblassen.

Die Aussicht auf der Terrasse ist phantastisch, ebenso das Essen. Der arme Stellvertreterpilger früherer Zeiten könnte sich heute dort nichts leisten. Bevor sich der moderne Pilger wieder auf die Heimreise begibt, sollte er zumindest eine *Tarta de Santiago* gekostet haben, einen Mandelkuchen, der mit dem Jakobuskreuz verziert ist. Und dazu einen typischen Kräuterlikör aus Galizien, den *Orujo de hierbas*.

Die Stadt

Vergessen Sie aber nicht, neben all den magischen Pilgerorten die quirlige Stadt mit ihrem geschäftigen Treiben und den schönen Plätzen zu durchstreifen. Dazu gehört auch ein Besuch der Rúa del Villar mit ihren Kolonnaden. Parallel dazu laufen die Rúa Nueva und Rúa Raiña. Dort treffen Sie nicht nur Pilger, sondern auch geschäftstüchtige Einwohner und stolze Ladenbesitzer, die alles mögliche feilbieten, das Ihr Herz höher schlagen läßt.

Am Ende der Welt

Die letzte Station auf dem Jakobsweg ist das Cap Finisterre. Die schroffe Felslandschaft hat wirklich etwas vom Ende der Welt. Früher war die See gefährlich, nicht wegen der Strömung, sondern wegen der englischen Piraten, welche die Pilgerschiffe gnadenlos ausplünderten. Hier endet der Jakobsweg – am letzten Markierungsstein, der 0 Kilometer anzeigt. Klippen und Felsen des Kaps sind beeindruckend, der Wind ist kühl und scharf, und jeder verharrt dort irgendwann andächtig mit einem Blick aufs Meer. Es ist üblich, dort Teile seiner Ausrüstung zu verbrennen oder an einem Stahlmast zurückzulassen – das wirkt seltsam unangemessen an diesem Ort, der von Naturgewalt und Weite erzählt.

Von Finisterre aus gibt es seit 1997 einen gekennzeichneten Pilgerweg. Um noch mehr Pilger nach Finisterre zu locken, hat man sich etwas Neues einfallen lassen. Wenn man im *Refugio* anhand des Passes seine Pilgerschaft nachweisen kann (Stempel vom Pilgerbüro in Santiago, daß man die *Compostela* bekommen hat), dann erhält man in Finisterre die *Finistella*, eine bunte Pilgerurkunde – vor allem ein touristischer Gag. Früher glaubte man übrigens, daß sich die Seelen hinter dem Horizont, am Ende der Welt, befänden, und befaßte sich deshalb gerade an diesem Ort mit den wichtigen Dingen des Lebens.

Galizien war schon immer etwas anders. Vielleicht liegt es daran, daß einst die Kelten diese Region besiedelt hatten. Jedenfalls hat sich die Kultstätte Finisterre seit Jahrhunderten bis heute gehalten, wenn sich auch die Rituale selbst dem Zeitgeist angepaßt haben. Finisterre ist ein Ort, an dem so mancher Pilger nach dem Erlebnis Jakobsweg und dem Besuch von Santiago de Compostela noch einmal »in sich geht«. Obendrein ist es ein konsequenter Abschluß des weiten Weges.

Bereits im Mittelalter fühlten sich Pilger vom Kap magisch angezogen, das auch heute noch wie eine steinerne Riesenflosse im Atlantik liegt. Jene, die noch über ausreichende Kräfte verfügten oder einfach auch nur über die Willenskraft, zogen noch einmal das letzte Wegstück nach *finis terrae* ans Ende der Welt. Sie stimmen mir sicherlich zu, daß es zu dieser Zeit mehr Mut abverlangte, denn man glaubte ja, sich am Rand der Erdscheibe zu befinden, wenn man die sinkende Sonne am Horizont sah. Es ist der Inbegriff für die Wende zu einem neuen Leben und der Anfang zur Rückkehr nach Hause. Es heißt Abschied nehmen.

Alternative Wege

Das Ziel ist erreicht. Aber unter den Jakobspilgern findet sich eine stattliche Anzahl von Wiederholungstätern. Manche gehen den Weg zurück. Andere wollen zurückkehren. Gut, daß sich die Jakobswege wie ein Spinnennetz über Europa ziehen und Sie verschiedene Möglichkeiten haben, nach Santiago de Compostela zurückzukehren. Selbst auf der Iberischen Halbinsel finden sich Alternativen.

Camino del Norte

Eine weitere interessante Route ist der *Camino del Norte* entlang der Costa Verde, der auch als Kantabrische Route bekannt ist und durch das Baskenland, Kantabrien und Asturien verläuft. Auch dies ist ein uralter Weg, den die Pilger in Zeiten der maurischen Herrschaft bevorzugten, als der Camino Francés als zu gefährlich galt. Aymeric Picaud, der Autor des *Co-*

dex Calixtinus, war begeistert von diesem Weg. Vor allem, weil es ihm darum ging, der »Barbarei Navarras zu fliehen«. Vielleicht lag es daran, daß zu jener Zeit die Küste der einzig friedliche Ort war. Außerdem suchte man auf dem Weg nach Compostela den Schutz weiterer Reliquien, von denen viele im Asturenreich zu finden waren. Dieser Weg verläuft durch das sogenannte Grüne Spanien. Beim Zugang ab Frankreich ist Irún der erste Stopp auf diesem Weg durch Baskenland, Kantabrien und Asturien.

Silberstraße

Die Route der *Via de la Plata* (Silberstraße), welche die Pilger der islamischen Gefilde nutzten, war eine römische Handelsstraße, die von Hirten und Jägern benutzt wurde. Sie verbindet seit vielen Jahrhunderten den Norden Spaniens mit dem Süden, führt durch Berge, Täler und Ebenen. Entlang des Abschnitts am Unterlauf des Guadalquivir entstand in der Bronzezeit unter der sagenumwobenen Monarchie von Tartessos die erste große westliche Kultur.

Die Region entwickelte sich dank der zahlreichen Bodenschätze. Die Römer, die 218 v. Chr. auf der Iberischen Halbinsel einfielen, legten großen Wert auf den Bau von Straßen, deren Netz das gesamte Territorium umfassen sollte. Die Silberstraße, die Gijón über Astorga, León, Salamanca und Mérida mit Sevilla verband, war dabei eine der wichtigsten. Im Mittelalter erlangte sie durch die Hohlwege, durch welche die Viehzüchter ihre Wanderherden trieben, besondere Bedeutung. Die Kulturen, die im Laufe der Zeit entlang der Vía de la Plata entstanden sind, haben diese Route mit ihren Städten, Zirkussen, Tempeln, Aquädukten, Brücken, Bogen und Festungen sowie ihrer Volksarchitektur, ihrer Folklore und ihrem Kunsthandwerk geprägt und einen kunsthistorischen Schatz hinterlassen.

Der Weg beginnt in Sevilla und durchquert die Extremadura, Salamanca, wo sich die Wege aus Portugal dazugesellen, und Zamora bis Galizien über Verín oder ab Astorga anknüpfend über den *Camino Francés*. Die *Via de la Plata* ist heute neben dem *Camino* die Pilgerstrecke, die am meisten Infrastruktur bietet. All jene, welche die unberührte Natur suchen und den teilweise über-füllten *Camino Francés* meiden wollen, wählen diese Route. Sie sollten allerdings daran denken, daß die Wetterunterschiede extrem sein können. Wenn Sie im heißen, andalusischen Sevilla star-ten, können weiter nördlich durchaus noch die Schneeflocken treiben.

Portugiesischer und englischer Pilgerweg

Der portugiesische und der englische Pil-gerweg und die Seerouten waren weite-re Möglichkeiten, nach Santiago zu gelangen. Vielleicht fragen Sie sich, was Portugiesen und Engländer miteinander zu tun haben. Früher tauschten sie Bacalao – getrockneten Kabeljau – gegen Wein. Der *Camino Inglés* ist ebenso be-kannt, da die zumeist von den Britischen Inseln stammenden Pilger nach der Landung an den Häfen des Nordwestens Galiziens den Weg in Richtung Compostela unternahmen. Dieser *Ca-mino* erlebte seinen Beliebtheitshöhepunkt ab dem vierzehnten Jahrhundert. Heute – so lästert man – pilgern die Briten an die Costa Brava, um sich in der Sonne zu bräunen und den Durst mit billiger Sangría zu löschen.

Kürzere Wege

Doch es gibt noch eine Vielzahl kürzere oder auch unbedeutendere Wege, die aus diesem Grund auch selten die Ausstattung haben wie der Hauptweg. Ein kurzer Überblick: Der *Camino Catalan* von Barcelona über Terrassa, Montserrat und Lerida zum Apostelgrab. Er wurde schon 1648 als Jakobsweg dokumentiert. Ein Teil des Küstenweges ist der Primitive Jakobsweg, *Camino del Norte* – er ist der älteste aller Pilgerwege in Spanien. Primitiv ist er nicht mehr, aber sicherlich in Ausstattung und Angebot rudimentärer als »seine großen Brüder«. Der Pilgerweg führt von Oviedo über Lugo bis zum Ziel.

Der *Camino Madrid* von eben jener Hauptstadt über Santa María la Real de Nieva, Puente Duero, Valladolid bis nach Sahagún hat eine Länge von dreihunderteinundzwanzig Kilometern; ab Sahagún geht es wieder den gewohnten

Weg. Der *Camino Alicante* über Albacete, Madridejos, Toledo, Salamanca, Zamora, Astorga und weiter auf dem *Camino Francés* bis Santiago hat eine Länge von eintausendzweihundertvierundvierzig Kilometern und gehört damit zu den längsten, ebenso wie der *Camino de Levante*, der vom Mittelmeer nach Santiago führt, eintausendzweihundert Kilometer zu Fuß.

Für alle Mondsüchtigen bietet sich die *Ruta de la Lana* an, die von Monteagudo über Salmeròn und dem Kloster Silos nach Burgos verläuft und sich dort mit dem *Camino Francés* verbindet.

Auch von Salamanca über Zamora, Ourense, Monasterio de Oseira nach Santiago de Compostela verläuft ein *Camino*. Außerhalb Spaniens führen mehrere Pilgerwege durch Portugal; der bekannteste startet in Lissabon über Fatima, Coimbra, Porto, Braga, Valença do Minho, Tui, Pontevedra, Padrón. Die Wege sind bereits auf der spanischen Halbinsel vielfältig, doch ist damit noch nicht das Ende der Möglichkeiten erreicht, denn auch durch Deutschland und Frankreich beispielsweise führen Wege die Jakobspilger zu ihrem Ziel.

Französische Pilgerrouten

Und wem die spanische Pilgerroute zu bevölkert ist, der findet in Frankreich vier Jakobswege, die gesäumt von Kultur und Natur dem Pilger die Sehnsucht nach Ruhe, Abstand und Klarheit erfüllen: So schreibt der *Calixtinus* in seinem ersten Kapitel: »Vier Wege führen nach Santiago, die sich zu einem einzigen in Puente la Reina in Spanien vereinen.« Einer geht über St. Gilles, Montpellier, Toulouse und den Somportpaß; ein anderer über Notre-Dame in Le Puy, Ste. Foy in Conques und St. Pierre in Moissac; ein weiterer über Ste. Marie Madeleine in Vézelay, St. Léonard in Limousin und die Stadt Périgueux; ein letzter über St. Martin in Tours, St. Hilaire in Poitiers, St. Jean in Angély, St. Eutrope in Saintes und die Stadt Bordeaux.

Diejenigen Wege, die über Ste. Foy, St. Léonard und St. Martin führen, vereinigen sich in Ostabat, und nach dem Überschreiten des Cispasses treffen sie in Puente la Reina auf den Weg, der den Somportpass überquert, um sich wieder mit dem *Camino Francés* zu vereinen.

In Arles beginnt die *Via Tolosana*. Der Weg verläuft westwärts über Montpellier und Toulouse, von dort südwärts über Auch und Oloron-Ste. Marie und weiter über den Col du Somport nach Jaca, und von dort wieder westwärts, als *Camino Aragonés*, nach Puente la Reina, wo auch er auf den *Camino Francés* trifft. Toulouse ist neben der Hauptstadt der Haute Garonne auch heute noch ein wichtiges Pilgerzentrum. Die freudige Erregung der Ankömmlinge ist in jeder Ecke spürbar. Der Blick noch frisch, die Neugier groß, schlendern sie durch die Gassen der Stadt. In Frankreich fühlte sich übrigens auch unser Pilgerführer-Autor wohl, im Gegensatz zu anderen Landstrichen und deren Menschen, die er häufig verleumdete. Er beschreibt den Weg durch die Region wie folgt: »Von Tours ausgehend zieht man zunächst durch das Poitou, einen überaus reizvollen und glücklichen Landstrich. Die Menschen dieser Gegend sind rüstige Recken, kriegerische Gestalten: Im Kampf mit Pfeil und Bogen sowie mit der Lanze sind sie äußerst geschickt; in der Schlacht gebärden sie sich übermütig. Sie sind gute Läufer, kleiden sich mit viel Geschmack. Sie fallen auf durch ihr strahlendes Gesicht, ihr verschmitztes Reden. Es dürfte schwerfallen, Menschen zu finden, die freigiebiger und gastfreundlicher sind als sie.«

Bei soviel lobenden Worten liegt der Verdacht nahe, daß er selbst aus dieser Region stammt. Je weiter südlich er nämlich kommt, desto mehr mokiert er sich über die Menschen. Er wertet pauschal ab und läßt keine Lebensart gelten, die ihm fremd ist. Das erinnert doch sehr an manche Pauschaltouristen, die ihr Schnitzel mit Pommes auch in der Fremde suchen.

So sind nach Americs Ansichten die Leute in Saints ungehobelter als in Bordeaux, die Gascoigner sind kampfgewohnt und gastfreundlich, doch »sie reden viel, spotten noch mehr. Sie sind dem Trunk, der Völlerei und anderen Ausschweifungen verfallen« und kleiden sich erbärmlich. Ein wirklicher Menschenfreund wurde er auch durch die Pilgerschaft nicht.

Pilgerwege aus dem Norden

Neben den südlichen Routen wurden in früheren Zeiten auch im Norden gelegene Pilgerwege benutzt wie zum Beispiel die *Via Gallia Belgica* von Hélécine über Nivelles und Marolles nach Saint Quentin, welche die beiden Hauptstädte Brüssel und Paris verbindet. Auch die Niederländer haben im Zuge des Pilgerhypes 2004 einen historischen Handelsweg wieder aufleben lassen. Dieser führt von Millingen am Rhein über Goch, Kevelaer, Venlo, Roermond, Maaseik und Maastricht nach Lüttich, wo er an die *Via Mosana* anschließt. Selbst in Großbritannien wurde ein weiterer, längerer Pilgerweg von London über Canterbury nach Dover, wo man nach Calais übersetzen kann, ausgeschildert. Diese Route ist bereits im vierzehnten Jahrhundert von Geoffrey Chaucer in seinen *Canterbury Tales* beschrieben worden.

Und auch Deutschland hat sein Jakobswegenetz ausgeweitet und erneuert. Schließlich ist kaum ein Volk so begeistert bei der Sache und radelt oder läuft nach Santiago wie die Deutschen. Ihre Nachbarn Österreich und Schweiz haben es ihnen übrigens gleichgetan: Durch die Schweiz führt der *Schwabenweg* ab Konstanz via Fischingen, das Tösstal im Zürcher Oberland nach Rapperswil-Jona. Dort trifft er zusammen mit dem *Appenzeller Weg*.

Besonders beliebt ist das Pilgern in Bayern. Dort gibt es auch die meisten Jakobus-Gesellschaften, die sich um die Beschilderung der Strecken kümmern und die offiziellen Pilgerausweise ausstellen. Die meisten davon wurden erst vor kurzem gegründet oder wiederbelebt. So ist jetzt die Strecke von Würzburg über Ulm bis Santiago über zweitausendfünfhundert Kilometer komplett ausgeschildert. Der Pilgerboom hält weiter an. Schon Martin Luther mahnte, daß die Reise nach Santiago ein leichteres Abenteuer sei, als mit den Nachbarn Frieden zu schließen. Das liegt wohl daran, daß für Protestanten der Widerspruch gegen Autoritäten wohl eher zum guten Ton gehört.

Tips für die Vorbereitung

Wie Sie feststellen können, ist die Auswahl an Wegen groß. Der Weg aller Wege bleibt der *Camino Francés*. Es gibt viele Pilger, die diese Etappe auf mehrere Jahre verteilen. Der Startpunkt entscheidet darüber, wieviel Zeit Sie benötigen. So unterschiedlich die Wege sind, Ihre Ausrüstung, die eine große Bedeutung hat, entscheidet nicht unwesentlich über Leiden oder Beschwerden mit.

Die Planung des Pilgerwegs

Für viele ist das Ziel der Weg, der im Süden Frankreichs oder bei Pamplona beginnt. Es ziehen sich – wie geschildert – durch ganz Europa Jakobswege, die alle nach Santiago de Compostela führen. Doch wer vom Jakobsweg spricht, meint eigentlich den *Camino Francés* – die Strekke entlang einer alten Handelsroute, die vom Nordwesten Spaniens bis nach Santiago führt und Teil eines Netzes ist, das sogar bis ans Ende der Welt, zum *Cap de Finisterre* führt.

Die Ausrüstung

Bevor es losgeht, sollten Sie gewisse Vorbereitungen treffen. Denn Sie werden all ihre Habseligkeiten selbst tragen müssen. Deshalb sollten Sie im Vorfeld darüber nachdenken, was Sie tragen können (und zwar über einen längeren Zeitraum) und was nicht. Erfahrene Pilger empfehlen, bereits in der Heimat mit einem gefüllten Rucksack spazierenzugehen, um sich an die Belastung zu gewöhnen. Das mag für Ihre Nachbarn etwas seltsam aussehen, wenn Sie sonntags in der Stadt Ihre Runden drehen, aber es macht Sinn. Ebenso sollten Sie den Proviant einplanen, denn »nur ein satter Knecht ist ein guter Knecht«. Diese alte Bauernweisheit bewahrheitet sich auch beim Pilgern, wenn Sie in staubtrockener Hitze laufen und weit und breit keine Ortschaft zu sehen ist.

Aber keinesfalls dürfen Sie Ihren Stein aus der Heimat vergessen. Sie wissen ja: Es gibt viele Rituale bei dieser Wallfahrt, und dazu gehört auch, am höchsten Punkt des Pilgerwegs – am Cruz de Ferro – den Stein niederzulegen.

Bereits beim Packen gilt die Maxime, sich auf das Wesentliche zu konzentrieren. Und wahrscheinlich müssen Sie auch davon noch mal die Hälfte abziehen. Nicht ohne Grund ähneln sich die Wallfahrer, egal woher sie kommen. Wenn Sie nur Platz für eine Hose haben, aber wissen, daß Sie extremen Temperaturschwankungen ausgeliefert sein können, dann bietet sich eben die Zippkleidung an. Deshalb an dieser Stelle ein paar Hinweise für Ihren Rucksack.

Halten Sie Ordnung in Ihrem Rucksack und nutzen Sie mehrere Beutel, u.a. auch für Wäsche. Kennen Sie das Zwiebelprinzip? Es bietet Ihnen Flexibilität und einen besseren Wärmeschutz. Deshalb: Zwei dünnere Pullover wärmen besser als ein dicker. Die berühmte Zipphose wurde bereits erwähnt. Sie ist überaus praktisch, auch wegen ihrer geräumigen Hosentaschen. Eine Schirmmütze mit Ohren- und Nackenschutz gegen die Sonne, wie die Fremdenlegionäre sie tragen, ist vielleicht praktischer als ein sperriger Hut. Man kommt sich lächerlich vor damit, gewiß. Zum Glück verliert sich die Eitelkeit auf dem Weg relativ schnell. Und ein Trost an dieser Stelle: Diese Mütze gehört fast zum Einheitslook der Pilger.

Auch Hemden mit langen Ärmeln und verschließbaren Brusttaschen haben sich bewährt. Denken Sie daran, wenn Sie sich bücken, um Wasser aus einem Brunnen zu trinken, daß die Brusttasche immer geschlossen ist. Abgesehen davon sind lange Ärmel ein guter Sonnenschutz. Wenn es heiß ist, kann man sie aufkrempeln, bei Kälte runterkrempeln.

Tagsüber gehen Sie in – hoffentlich – eingelaufenen Wanderschuhen. Nehmen Sie aber auch ein Paar stabile Sandalen mit. Ihre Füße werden es Ihnen danken, wenn Sie mal die Wanderschuhe ausziehen und in die Sandalen schlüpfen können. Auf dem Weg selbst ist es selten angebracht, da sich Sand im Schuh sammeln kann. Das führt unweigerlich zu Scheuerstellen. An diesem Outfit erkennen Sie übrigens überall ihre Weggefährten. Überhaupt sind die Füße ein Part, dem Sie besondere Aufmerksamkeit schenken sollten. Andererseits auch wieder nicht: Verkneifen Sie es sich nämlich bitte, Ihre heißen Füße unterwegs im Wasser zu kühlen. Die Haut weicht auf und wird ebenfalls anfällig für Scheuerstellen und Blasen.

Der Stab oder Wanderstock gehört zu den Siebensachen eines Pilgers. Er ist auf schwierigen Gebirgspassagen, aber auch auf den übrigen Strecken recht hilfreich. Wichtig: Vergessen Sie den Hirschtalg nicht. Damit reiben Sie täglich vor dem Abmarsch die Fußsohlen, Fersen und die Zehen (oben und unten und in den Zwischenräumen) und den Schritt (gegen den »Wolf«) ein. Wenn der Schaden bereits eingetreten ist, hilft es nämlich nicht mehr!

Unterwegs begegnen Ihnen auch herrenlose Hunde, die Sie kläffend durch das Dorf begleiten. Gehen Sie einfach weiter und kümmern Sie sich nicht um sie. Schauen Sie ihnen nicht in die Augen und fuchteln Sie nicht mit ihrem Stock herum. Die Hunde werden dadurch nur noch aggressiver. Überhaupt ist es für Tierfreunde manchmal schwer zu ertragen, wie Spanier ihre Tiere halten.

Die schwankenden Temperaturen habe ich bereits mehrmals erwähnt. In der Tat können Sie auf Ihrem Weg nach Westen zunächst von der Sonne verbrannt werden und in den Bergen auf schlechtes Wetter treffen. Deshalb berücksichtigen Sie bitte, daß es auch Regentage geben kann. Besonders in den Pyrenäen und in Galizien. Nicht umsonst heißt dieser Landstrich das Grüne Spanien, und das Grün kommt nun einmal von sehr vielen Niederschlägen. Wenn Sie keine wasserdichte Funktionsjacke besitzen, ihre alte nicht mehr dicht ist oder das Klima für dicke Jacken zu warm, greifen Sie am besten zur guten alten Regenjacke (Friesennerz). Die Regenhose ergänzt die Regenjacke, weil einem auch bei Windstille das Wasser sonst die Hosenbeine durchnäßt.

Bei Wind wird die Regenhose noch wichtiger. Als Alternative eignet sich der Regenponcho. Der Vorteil – es gibt keinen Wurstpellen-Effekt. Zum Glück schwitzen Sie darin nicht, da er sehr luftig ist. Außerdem paßt der Rucksack häufig auch noch mit drunter und man kann ihn zur Not als Regendach oder Notzelt benutzen.

Sobald es allerdings windig wird, zum Beispiel in der Meseta oder oben in O Cebreiro, stellen sich die Nachteile ein: Der Wind weht den Regen unter den Poncho, dieser fliegt Ihnen dann um die Ohren, und Sie sehen kaum noch, wo Sie hintreten. Je nachdem, wo Sie sich gerade befinden, kann dies gefährlich werden. Der Segeleffekt durch den großen Luftwiderstand kann Kraft kosten und Ihnen das Leben schwer machen.

Klingt das übertrieben? Nun, die Winde in den galizischen Höhen sind heftig und Regenschauer häufig. Aus diesem Grund lohnen sich durchaus auch Gamaschen. Das hat zudem den Vorteil, daß die Socken sich nicht wie ein Docht im Wasser in die Schuhe ziehen. Das schützt Sie wieder einmal vor Blasen. Je näher Sie an ihrem Ziel sind, desto häufiger sehen Sie andere Wallfahrer, die schmerzgeplagt von Blasen in Gummilatschen weitergehen oder Apotheken, die übrigens bestens auf die typischen Leiden der Pilger ausgerichtet sind, an Druckstellen-Pflastern leerkaufen.

Achten Sie bei Neuanschaffungen unbedingt auf das Gewicht der Einzelteile. Vom Rucksack bis zur Zahnpastatube. Sie werden staunen, wie unterschiedlich die Gewichte von Tuben sind. Die gesamte Kleidung sollte atmungsaktiv, pflegeleicht und schnelltrocknend sein. Wenn alles gepackt ist, sollte das Gesamtgewicht der Ausrüstung zehn Prozent des Körpergewichts nicht überschreiten.

Links

www.jakobus-info.de
www.lossellosdelcamino.com
www.gmhcallejero.paginasamarillas.es (sehr detailreiche Orts- und Stadtpläne in Spanien)

Lektüre

Paulo Coelho: Auf dem Jakobsweg
Tagebuch einer Pilgerreise nach Santiago de Compostela
Der Grund, weshalb so viele Brasilianerinnen sich in Spanien auf die Suche nach Mysterien aufmachen.

Shirley MacLaine: Der Jakobsweg
Eine spirituelle Reise
Die Aufzeichnungen einer strapaziösen Pilgerfahrt: Es ist die Wiederentdeckung der Langsamkeit.

Andreas Drouve (Autor), Silvia Steinbach (Fotografin): Jakobsweg
Den alten Legenden auf der Spur. Skurrile und Tragische Geschichten. Das Buch macht Lust auf Photographie, auf den Jakobsweg und dessen Geschichten.

Hape Kerkeling: Ich bin dann mal weg
Mit Charme, Witz und Blick für das Besondere beschreibt Hape Kerkeling die Einheimischen ebenso wie moderne Pilger und ihre Rituale.

ISBN 978-3-85179-056-6

Covergestaltung: Christina Krutz, Riedstadt
Layout und Satz: Christine Paxmann text • konzept • grafik,
München
Druck und Bindung: Grasl Druck & Neue Medien, Bad Vöslau

www.thiele-verlag.com